¡Sssssshhhhhhhhhhh!

Haz del teatro algo íntimo

Llévalo siempre en el bolsillo

Cubierta y diseño editorial: Éride, Diseño Gráfico
Dirección editorial: ángel jiménez

Primera edición: mayo, 2024

carta Puebla
© Concepción Romero Pineda
© Del prólogo: Cecilia Gómez Velasco
© VdB*, 2024
Espronceda, 5
28003 Madrid

VdB*

ISBN: 978-84-19850-48-5
Depósito Legal: M-11274-2024
Diseño y preimpresión: Éride, Diseño Gráfico

 Este libro protege el entorno

carta Puebla

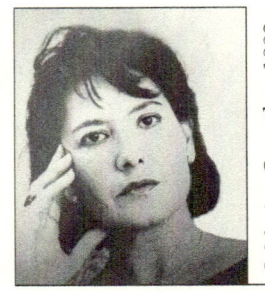

Concha Romero
(La Puebla del Río, 1945)

Concepción Romero Pineda, conocida como Concha Romero es una dramaturga y guionista cinematográfica española.

Estudió Filosofía y Letras y ejerció de profesora en institutos de enseñanza media en Madrid. Fue coguionista de la directora Cecilia Bartolomé en la película *Vámonos Bárbara*, en el guion *La niña bonita* y en el proyecto de serie *Los Omeyas* para TVE.

Un olor a ámbar (La Avispa, 1983) fue su primera obra. En La Avispa se gestó la Asociación de Autoras de Teatro auspiciada por Patricia O´Connor y alentada por Julia García Verdugo, de la que la autora fue socia fundadora.

Su segunda obra *Así aman los dioses* (Ediciones Clásicas 1991) es una comedia de carácter mitológico. Le siguen *Las bodas de una princesa*, que trata los preámbulos de la boda de Isabel la Católica, y *Juego de reinas*, el enfrentamiento de Isabel con su hija Juana la Loca por razones de Estado. Tras estas piezas históricas inicia una línea de actualidad centrada en las relaciones de pareja, *Un maldito beso*, y los monólogos *¿Tengo razón o no?* y *Allá él*. Sus últimas piezas retoman la historia. *El prisionero de Bellver* presenta un episodio conflictivo en la vida de Jovellanos; y *Carta-Puebla*, la fundación de La Puebla del Río, cuna de la autora, por Alfonso X el Sabio.

CONCHA ROMERO

carta Puebla

A La Puebla del Río.

Nota de la autora

Carta Puebla fue escrita en 2017 a petición de Miguel Nieto, director de teatro, y de Rogelio de la Carrera, entonces Concejal de Turismo del Ayuntamiento. La obra estaba concebida para ser representada por la gente del pueblo en la explanada de La Barqueta. Unas cuarenta personas estuvieron ensayando para tal fin más de un año. Miguel había montado ininterrumpidamente durante 25 años *El alcalde de Zalamea*, de Calderón de la Barca en Zalamea la Real (Badajoz.) basada en hechos reales ocurridos siglos antes en dicha localidad. Lo curioso es que todos los papeles de la función los interpretaban gente del mismo pueblo, no había actores profesionales. Estas representaciones tuvieron mucho éxito porque Miguel logró hacer de ellas una gran fiesta popular, razón por la que obtuvo la Medalla de Extremadura. Algo similar, un montaje teatral que tuviera relación con algo genuino del pueblo, es lo que Miguel y Rogelio pretendían hacer. Por eso elegí el momento de la Fundación de la Puebla. El contexto histórico, el personaje de Alfonso X el Sabio, y el de su hijo Sancho y algunos hechos que se cuentan son históricos, naturalmente dramatizados, aunque la trama general y los demás personajes son invención de la autora.

Desgraciadamente Miguel falleció durante los ensayos y el proyecto se paralizó. Quiero darle las gracias a Miguel y a Rogelio principalmente por la petición que me hicieron, como también a José Luis Escacena, catedrático de Historia de la Universidad de Sevilla y a los doctores en Historia José González Arteaga y Antonio Aranda, por la orientación bibliográfica que me dieron en un primer momento.

Asimismo le doy las gracias a todas las personas de la Puebla que colaboraron y a las que ensayaron con tanta ilusión sus papeles.

Quede este libro como recuerdo y homenaje a todos ellos.

Prólogo

Cuando volvemos los ojos a la Historia, lo hacemos no solo por puro placer sino con la esperanza de encontrar respuestas a conflictos actuales, idénticos a los pasados, pero trucados con el velo de la moda. Concha Romero, dramaturga y admirada colega y amiga, recurre en su última obra teatral *Carta Puebla* a un hecho histórico, la fundación de su pueblo, *La Puebla del Río*, por el rey Alfonso X en 1272; y lo hace, no solo para homenajear a sus gentes, costumbres y folclore, impresos desde siempre en su memoria, sino para reavivar temas universales, como el amor, la justicia, la amistad o los conflictos provocados por el abuso de poder; y para ello se apoya en la estructura de *los dramas de honor del Teatro del Siglo de Oro*, donde se refleja una sociedad estamental que es asumida por el pueblo siempre que no se traspasen los límites del honor; la autora refleja una situación social, urdida con los hilos que ya tejiera Calderón de la Barca en *El Alcalde de Zalamea, 1651*, con «*personajes tipo*», modelos humanos con valores morales prefijados por la tradición, tales como la dama, el galán, el padre amoroso, el gracioso, los villanos, el capitán del ejército, el alcalde, los regidores o el rey, que ponen de manifiesto los divergentes intereses de las clases sociales.

Concha Romero actualiza esa base, *humanizando a los personajes encorsetados del Teatro del Siglo de Oro*, llenando la escena de vida, de niños y niñas que corretean por la plaza de la aldea entre los puestos del mercadillo, divirtiéndose con los juegos de su infancia, *la rueda, el escondite, la piola, el teje*; una algarabía en la que se alzan las voces de las vendedoras que pregonan los sabrosos *burgajos y azufaifas*, los exquisitos *quemaítos y cuñas*, y los *cartuchos de camarones, sábalos y albures*, regalo de un río que en palabras de la autora es *belleza y sentimiento*. Olores y sabores de su tierra mezclados con la música y la algazara infantil. No percibimos a *la dama y al pretendiente del teatro barroco*, solo vemos dos jóvenes enamorados, -Casilda y Pablo-, que se saben libres y solo piensan en casarse. Y esa misma libertad se la contagia a Pedro, *el gracioso*, un listillo consentido y querido por las gentes del pueblo. Y en ese *proceso de humanización*, descubrimos a *los componentes del concejo* (alcalde, regidores, el alguacil, el escribano, el tesorero y los demás hombres) que luchan por un objetivo común, el bienestar de *La aldea de La Guardia*, que pasa necesariamente por convertir la aldea en pueblo... *Y con un ayuntamiento de verdad, y no este de pacotilla que nos hemos "inventao"...*, para defenderlo de las incursiones de los *Benimerines* venidos del Norte de África.

En todos los personajes advertimos el proceso de bonhomía, excepto en uno de ellos, el antagonista, Capitán Macabeo, personaje tipo que, como en el *Teatro del Siglo de Oro,* encarna el abuso de poder, una figura que ni las leyes ni la educación han sabido desterrar; nos recuerda las agresiones a las que ha estado sometida la mujer durante siglos por hombres de estamentos superiores que utilizaban sus privilegios para afrentar a las mujeres.

En el siglo XIII, siglo en el que se desarrolla *Carta Puebla,* los señores feudales, dueños de tierras y almas, se creían con el derecho de anular la voluntad de cualquier joven socialmente inferior y poseerla aún en contra de su voluntad y en muchos casos con la sumisión de padres y hermanos. Siglos más tarde, en el XVII, Calderón de la Barca retoma el conflicto en el *Alcalde de Zalamea,* obra en la que Isabel, hija de Pedro Crespo, es raptada, violada y abandonada por Don Álvaro de Atayde, capitán de las tropas de Lope de Figueroa; ella obediente a su padre, calla y acepta casarse con su violador para remediar la afrenta; será don Pedro Crespo el que imparta justicia, sancionada posteriormente por el rey.

De la misma manera en *Carta Puebla,* el capitán Macabeo esgrime ante el padre de Casilda, su derecho de pernada o derecho de la primera noche; por este derecho se otorgaba a los señores feudales la potestad de mantener relaciones sexuales con cualquier doncella de su feudo que fuera a contraer matrimonio con uno de sus siervos.

Concha Romero da a este conflicto, -verdadera lacra social-, una solución acorde a nuestros tiempos, haciendo que la mujer tome las riendas de su vida; Casilda defiende su honor y su libertad ideando un plan que comunica a padres, novio y amigas con el fin de arruinar los infames propósitos del Capitán. Pero será el rey Alfonso X, símbolo de la justicia y el orden quien con su llegada al pueblo, apresará al capitán, tras declarar que en sus leyes, recopiladas en el Fuero Real, el *derecho de pernada* se contempla como un grave delito sancionado con multa de 500 sueldos y privación de cargos y libertad. También Felipe II en su viaje a Lisboa para coronarse rey de Portugal, 1580-1581, durante su estancia en Badajoz, llegó a promulgar un edicto en el que condenaba la violencia hacia las mujeres «so pena de la vida»; este hecho histórico parece ser una de las fuentes de *El Alcalde de Zalamea* obra en la que el rey, al igual que en *Carta Puebla*, imparte justicia y prende al cobarde agresor.

La figura del rey, mantiene los valores de justicia y equidad que simbolizara en el Teatro del Siglo de Oro, pero con un cariz más humano que descubrimos en las dos visitas que Pancracio, —escribano del concejo y padre de Casilda—, realiza al Alcázar de Sevilla para hablar con el rey; en la primera para pedir ayuda ante las invasiones de los *Benimerines* y recibir la carta de fundación del pueblo y en la segunda para pedir protección ante el abuso de poder del capitán, enviado al pueblo para defenderlos; ambos encuentros se caracterizan por la cordialidad y la empatía, valores que por sí solos, crean un ambiente escénico proclive a las confidencias. Alfonso X, abre su corazón al labriego, descubriendo sus más íntimos sentimientos, su amor imposible a doña María la Mayor, las tensas relaciones con su hijo Sancho o la incomprensión de los nobles hacia su labor legislativa e intelectual.

Nuestra autora, imperceptiblemente se mueve por los espacios escénicos, imprimiendo su personalidad y fluyendo con sus personajes; *como niña*, jugueteando por la plaza del pueblo, *como filóloga*, argumentando en la reunión del concejo para elegir el mejor nombre para el nuevo pueblo y *como mujer*, mezclándose con las mujeres en la cacerolada urdida para acorralar al capitán y apoyar a Casilda; concentra en el microcosmos sevillano de La Puebla del Río, lo que de bueno y malo habita en el hombre, apostando por la justicia, la convivencia y la libertad. Y lo hace sin estridencias, serenamente, con esa humanidad que ha ido esparciendo por toda la obra y que dota a la historia de *verdad*, - ligada a la expresión popular del andaluz-, de *emoción*, -proporcionada por la música, el baile y las leyendas- y de una *frescura* conseguida con la gracia y el humor de los hombres del concejo.

Concha Romero en *Carta Puebla*, ha fundido sus vivencias, su memoria y su pasión escritora y las ha convertido en literatura útil y gozosa; *Carta Puebla* es tradición y actualidad, es revisión del pasado y voz de alerta del presente; en suma, literatura necesaria.

Cecilia Gómez Velasco.
Catedrática de Literatura.

Introducción

Distinguido público, un poco de atención, si sois tan amables, para que todo salga bien. Ese niño, que se calle. Y esa señora que se siente, por favor, que la de atrás no ve. Y los demás olvidad por un rato los problemas y las deudas, los cabreos y los enfados, y disfrutad de la obra que está a punto de empezar que se llama CARTA-PUEBLA. El título es un poco extraño, pero cuando la función acabe seguro que os parecerá de todos el más adecuado. Perdón que no me he presentado. Yo soy el alguacil de esta aldea de La Guardia, el pregonero, el vigilante y lo que haga falta.

La verdad es que La Guardia sería un paraíso, con el río, las dehesas, los pinares, las marismas y la vega; la calidad del ganado, la abundancia de la pesca, la variedad de cultivos y la caza. Un paraíso, si no fuera porque, cuando menos te lo esperas, vienen los benimerines de África. Hará unos veinte años que el rey Fernando III, el padre del actual rey, cuando conquistó Sevilla los mandó con viento fresco a su tierra, pero algunos no se conforman y de vez en cuando nos entran por la Barqueta. Con sobresalto vivimos sin tener armas, ni bastantes hombres que nos defiendan porque fueron diezmados a lo largo de los años.

Y así como los griegos, aunque eran muy va-
lientes, huyeron estratégicamente de Atenas para
refugiarse en la Isla de Salamina cuando llega-
ron los persas, así nosotros nos refugiamos en
la Fortaleza cuando los benimerines de repen-
te se nos presentan.

Os dejo que no quiero ser pesado ¡Que
empiece ya la función, y silencio, por favor,
mucho silencio!

Personajes

PANCRACIO, el escribano
ALFONSO X EL SABIO
CASILDA
PABLO
MARÍA
JACINTA
ALCALDE
ALGUACIL
MACABEO
PEDRO
SERAFÍN
MAYORDOMO
MANUEL
CURA
REGIDOR 1
REGIDOR 2
REGIDOR 3
REGIDOR 4
HOMBRES
MUJERES
AMIGAS
NIÑOS
NIÑAS
BENIMERINES
SOLDADOS
TAMBORILERO
GENTE DEL PUEBLO

Acto primero

*Aldea de La Guardia (Sevilla). Año 1272. Un
día de verano por la mañana. Plaza poco estruc-
turada con entradas laterales. Al fondo una fortaleza. A la izquierda, el Pozo Concejo, antiguo
abrevadero, especie de taberna y lugar de reunión para cosas importantes. En la puerta va-
rios hombres toman una copa de aguardiente.
Cerca está la cárcel y un portalón con un letrero
grande. No muy lejos, y más centrado, un banco de madera. A la derecha, dos* VENDEDORAS *están acabando de colocar sobre los puestos del
mercadillo las mercancías: melones, espárragos,
azufaifas, aceitunas, miel, agua de rosas, tila,
etc; caracoles, sábalos, albures y camarones. Sus
hijos, niño y niña, enredan alrededor. En este blo-
que se alternan, simultanean y entrelazan las
acciones y los diálogos procurando que se en-
tiendan los fundamentales.*

I.
Plaza mercadillo. *Centro.*

> *Por el lateral derecho entran la* Mujer 1 *y la* Mujer 2 *con sus hijos, dos chicos y dos chicas respectivamente, y cestas para la compra. Por el fondo aparecen casi a la vez otras dos, la* Mujer 3 *con una niña de la mano vestida de blanco y un lazo grande en la cabeza, y la* Mujer 4 *con dos chicos y una chica. Los niños al verse, incluidos los de las vendedoras corren al centro a encontrarse, excepto la* Niña 3 *que permanece de la mano de su madre. Los niños a lo largo de este bloque jugarán al burro, a la alcuza, a las tabas, a piola, a torear; las niñas a «corre que te pillo», al tejo, a la comba, a la rueda o a cantar... Las* Vendedoras *al verlas comienzan el «pregoneo».*

Vendedora 1   ¡Agua de rosas, miel de romero, tila, manzanilla, poleo!

Vendedora 2   ¡Traigo sábalos y albures!

Vendedora 1   ¡Melones, melones de la Isla, melones caramelo!

Vendedora 2   ¡Caracoles y burgajos!

VENDEDORA 1	¡Espárragos y cebolla!
VENDEDORA 2	¡Sardinas y camarones!
VENDEDORA 1	¡Aceitunas y azufaifas!
MUJER 1	¡Tened «cuidao» que sois muy brutos jugando, y no os alejéis de aquí!
MUJER 2	Déjalos que no pasa «na».
MUJER 1	(A MUJER 2.) ¿Cómo está tu «marío» que no te he «preguntao»?
MUJER 2	Ahí va el pobre, renqueando con la pierna ¿y el tuyo?
MUJER 1	Ya se le fue la calentura, gracias a dios.
MUJER 3	(A su tímida niña.) Anda y ve a jugar con ellas, pero no te manches el vestido que cuesta mucho lavarlo.
MUJER 4	¡Anda mujer no le riñas antes de tiempo!
	(Las niñas se quedan en el centro cuchicheando. Los niños corren a jugar al burro en un lateral.)
NIÑA 1	¿Jugamos al escondite?
NIÑA 2	Sí, sí al escondite.

23

NIÑA 1   Yo rifo. Un trifón, meriaticutidó, entre sofa sofa ti mericatí. (*A* NIÑA 4.) Te tocó. Te quedas.

                  (*La* NIÑA 4, *de espaldas, se tapa los ojos con las manos y cuenta 1, 2, 3... mientras las otras corren a esconderse dentro o fuera de la plaza.*)

NIÑA 4   Uno, dos, tres, cuatro, cinco, seis, siete, ocho, nueve y diez.

                  (*Al terminar va en busca de ellas, las encuentra, las persigue, entran y salen de la plaza, y después de varios «recortines» alcanza a la* NIÑA 1.)

NIÑA 2   Te pillé. Ahora te quedas tú.

                  (*Las* NIÑAS *repiten otra vez el juego. Los niños juegan a piola.*)

VENDEDORA 1   (*A* MUJER 2.) ¿Qué te pongo hoy?

MUJER 2   Un manojo de espárragos que le voy a cuajar un huevo y ya tengo el almuerzo resuelto. Y un melón, que el último me salió riquísimo.

VENDEDORA 1   Como los de la Isla ninguno. Llévate dos que te los pongo baratos.

MUJER 2   Bueno, pero «terciaítos» que luego se me
                  estropean. Ah, y una bolsita de tila, que no
                  pego ojo en toda la noche.

VENDEDORA 2   ¿Y de mí qué cuieres hoy?

MUJER 2   (A VENDEDORA 2.) Dame un cuarto de ca-
                  marones y cuatro albures.

VENDEDORA 2   ¿Hoy no te llevas caracoles?

MUJER 2   Hoy no, otro día.

VENDEDORA 1   (A MUJER 3.) ¿Y tú Rocío que te llevas?

MUJER 3   Yo no sé qué voy a hacer de comer.

VENDEDORA 1   Pues llévate albures que están «acabaos»
                  de pescar, lo haces al horno y así no te ma-
                  reas.

MUJER 3   Pues sí, dame albures y un cartucho de ca-
                  marones.

VENDEDORA 2   ¿Y a ti, Venancia, te pongo lo mismo?

MUJER 4   No, yo prefiero un sábalo grandecito y me-
                  dia de caracoles. Y ponme también un me-
                  lón.

VENDEDORA 2   Te lo calo y lo pruebas.

MUJER 4   Si es de la Isla no hace falta que lo cales.

II.
Plaza. *Entrada.*

> María, *su vecina* Jacinta *y su hija* Casilda *con cestos en la mano entran en la plaza. La joven come un bocadillo.* Pedro *con su reta-híla pasa delante de ellas.*

PEDRO   Un ovillo de hilo y una media de pan…, un ovillo de hilo y una media de pan…, un ovillo de hilo y una media de pan…

JACINTA   Pedro, ¿a dónde vas tan ligero? (Pedro *no contesta, como si oyera llover.*) Cuando vas de «mandaos» no conoces a nadie.

PEDRO   Un ovillo de hilo y una media de pan…Un ovillo de hilo y una media de pan…

JACINTA   Bueno hombre, pues adiós. ¡Este Pedro !

CASILDA   ¡Pedro, espera!

> (Pedro *se vuelve inmediatamente.*)

JACINTA   ¿Te has «fijao» cómo a la niña le hace caso?

CASILDA   (*Dándole el bocadillo.*) ¡Toma!

PEDRO	(*Yéndose.*) Un ovillo de hilo y una media de pan…
MARÍA	¡Pero qué haces, si es tu desayuno…!
CASILDA	No tengo hambre.
MARÍA	(*A* JACINTA.) ¿Tú has visto? No come nada. Esta niña se me va a poner mala.
JACINTA	Deja, que ya comerá, que estos días estará nerviosa.

(CASILDA, *al ver a* PABLO *sentando en el banco le da la cesta a su madre y corre hacia él.*)

CASILDA	Ahí está Pablo, toma. Ve comprando que tengo que decirle una cosa.
MARÍA	¡Tan temprano, hija! ¡Qué desatino! (*A* JACINTA.) ¿Has visto cómo está con el novio? Y eso que se ven «toas» las tardes, pero no tiene bastante con nada. Aprovecha cualquier ocasión.
JACINTA	Déjala que disfrute. Son jóvenes y los primeros amores llegan como un huracán.
MARÍA	Sí, pero este es exagerado.

III.
Plaza. *Banco.*

CASILDA	¡Qué alegría! No te esperaba.
PABLO	Vine a traer unas tinajas y me quedé por si te veía. ¡Qué guapa estás por la mañana!
CASILDA	Mi madre me dice lo mismo, y que eso es muy raro.
PABLO	Suerte que tengo de que seas tan rara.
CASILDA	Anoche me probé el vestido de novia.
PABLO	¿Cómo es?
CASILDA	Precioso.
PABLO	¿Pero, precioso cómo?
CASILDA	No te lo digo, que da mala suerte. Tiene que ser sorpresa. Estoy deseando ponérmelo.
PABLO	Y yo deseando quitártelo.
CASILDA	Me vas a poner colorada.

PABLO	Estarás todavía más guapa.
CASILDA	Pablo, ¿sabes lo que me hace más ilusión de todo?
PABLO	¿Qué?
CASILDA	No separarnos de noche y despertarme a tu lado.
PABLO	¿Y crees que podremos dormir estando juntos?

(PABLO *le echa el brazo por el hombro, ella se acurruca y se quedan quietos y en silencio.*)

IV.

Plaza. *Mercadillo.*

> *Las* NIÑAS *pintan un teje en el suelo.* MARÍA *y* JACINTA *llegan a los puestos.*

MARÍA   ¡Mira qué buen «mercao» han puesto hoy!

JACINTA   ¡Como hace ya una «temporaíta» que no vienen los benimerines…!

VENDEDORA 2   ¡Calla, calla, no mientes la bicha que la última vez que vinieron arramplaron con todo!

JACINTA   ¡Y qué miedo pasamos, madre mía!

MARÍA   Es que aquí con tan poca defensa estamos vendidos. Menos mal que tenemos donde refugiarnos.

VENDEDORA 2   María ¿Qué te apetece hoy?

MARÍA   Un sábalo y dos albures.

VENDEDORA 2   ¿Y tú Jacinta qué vas a querer?

JACINTA   Ponme a mí también albures que se me han «antojao».

MARÍA	Yo voy a llevar también caracoles que a Pancracio le gustan mucho y medio kilo de azufaifa para Casilda.

(*Las* NIÑAS *juegan al teje.*)

NIÑA 1	(*A* NIÑA 3.) ¡Has perdido, has «pisao» la raya!
NIÑA 3	No la he «pisao».
NIÑA 1	Que sí que sí, «tranfullera» (*A* NIÑA 2.) ¿A que sí?
NIÑA 2	Sí, sí, la ha «pisao» que yo la he visto. Le toca a ella.
NIÑA 3	Mentirosa, que eres una mentirosa.
NIÑA 1	¡Quita que me toca a mí!
NIÑA 3	(*Lloriqueando y volviéndose.*) ¡«Po» se lo digo a mi madre!
NIÑA 2	(*Cogiéndola de la mano.*) No te vayas, mejor jugamos a la rueda (*Cantando.*) «Al pasar el río le dijo el barquero las niñas bonitas no pagan dinero Yo no soy bonita ni lo quiero ser, tome usted el dinero, que así pasaré».

(MARÍA *al terminar la compra mira a* CA-
SILDA.*)*

MARÍA   (*A* JACINTA.*)* ¡Mírala, ahí sigue, tan tranquila como si nada…! Voy a decirle que me
ayude.

JACINTA   Ya te ayudo con la compra.

MARÍA   ¡No me la consientas tanto!

JACINTA   La quiero como una hija, no como una ve-
cina.

MARÍA   Lo sé. Pero te pasas, la mimas como una
abuela.

JACINTA   Es que da gusto verlos tan enamorados.

MARÍA   ¡Si te contara, hasta de noche suspira por
él, que un siglo le parecen veinticuatro horas sin verlo!

JACINTA   Señal de que lo quiere mucho.

MARÍA   «Demasiao».

JACINTA   Lo mismo quería yo al mío y se me quedó
entre los brazos.

MARÍA   ¿Por eso no te has casado?

JACINTA   Hace ya veinte años que murió y no consigo olvidarlo.

MARÍA   Te has puesto triste. Lo siento. No debí recordártelo.

(MARÍA y JACINTA *salen de la Plaza.*)

V.
Plaza. *Pozo Concejo.*

> Los Regidores, *hombres de cierta edad, charlan y beben.* Los Niños *juegan a torear, con la camisa roja del torero a modo de capote. Los niños jalean. Los hombres también.*

NIÑOS   ¡Ooole…! ¡Oooole…!

REGIDOR 1   ¿Has visto a ese niño lo que hace con el trapo? Está acariciando el aire.

REGIDOR 2   Y eso que no levanta tres palmos del suelo que cuando crezca será un fenómeno.

REGIDOR 3   ¡Ooole…!

REGIDOR 4   ¡Oole!

      (Pedro *pasa cerca.*)

REGIDOR 1   (*A regidor 4.*) Ahí viene Pedro. Vamos a gastarle una broma. Yo le doy una copa de aguardiente y tú otra de agua, a ver si se da cuenta. ¡Pedro, ven, tómate un aguardiente con nosotros!

(PEDRO se la bebe de un trago. Hace intención de irse.)

REGIDOR 2   A donde vas, ven aquí, tómate otra.

(Le sirve otra, pero de agua, y PEDRO se la bebe igualmente sin decir nada. Se ríen.)

REGIDOR 1   ¿Lo veis? no se da cuenta. Mientras sea de botella... lo mismo le da ocho que ochenta.

REGIDOR 3   ¡Pedro, que te están dando gato por liebre!

PEDRO   Tú, déjalo, que entre col y col cae una lechuga.

REGIDOR 3   ¡Qué salidas tiene este Pedro! Ven, aquí, que ahora te invito yo por la gracia que tienes. *(A REGIDOR 1.)* Ponle otra, pero de las de verdad. *(REGIDOR 1 se la sirve, PEDRO se la bebe y se va.)* ¿Ni adiós, ni gracias?

(Sin volverse ni detenerse, levanta el brazo y mueve la mano como diciendo ahí os quedáis, dejadme en paz, mientras farfulla para sí.)

PEDRO   Pedro será tonto, pero Pedro bebe y no paga... Pedro será tonto, pero Pedro bebe y no trabaja... Entre col y col lechuga, entre col y col lechuga, entre col y col...

VI.
Plaza.

	De repente suena la señal de alarma. El AL- GUACIL *entra gritando.*
ALGUACIL	¡Los benimerines! ¡Los benimerines! ¡Qué vienen los benimerines! ¡Que ya están en la Barqueta que son más de veinte o trein- ta! ¡Al refugio, al refugio! ¡Vamos, rápido, al refugio!
	(Ataques de pánico y gran revuelo. Algunas mercancías caen al suelo. Las madres buscan a gritos a sus hijos, llamándoles por sus nom- bres: Ángel, Rafael, Tina, Juan, Ana, Pepe, Seba... los arrastran como pueden y huyen despavoridos al refugio. Se añaden también los REGIDORES *del Pozo Concejo. Huyen como pueden.)*
CASILDA	*(A* PABLO.*)* ¡Vete corriendo a Coria! ¡Y ten «cuidao»!
PABLO	No te preocupes.
CASILDA	*(A* PEDRO.*)* ¡Pedro, corre, no te quedes ahí «parao»!

(PEDRO *no hace caso… Se dirige a un banco y se sienta tan tranquilo. La plaza queda un momento vacía, los puestos abandonados, y las mercancías por el suelo.*)

VII.
Plaza. *Centro.*

> *Dos* BENIMERINES *bien armados aparecen en la plaza y se acercan a* PEDRO.

BENIMERÍN 2   Eh, tú, ven aquí. (PEDRO *se levanta del banco y va hacia él con toda su pachorra. A* PEDRO, *chapurreando en castellano.*) ¿Dónde está el trigo?

> (PEDRO *se encoge de hombros y da vueltas sobre su eje.*)

BENIMERÍN 1   ¡Quieto, peonza! Te han preguntado que dónde está el trigo.

> (PEDRO *vuelve a encogerse de hombros.*)

BENIMERÍN 2   ¿Y los animales? ¿Dónde están los animales?

PEDRO   ¡Y yo que sé!

BENIMERÍN 2   ¡Cómo que no sabes!

PEDRO   ¿Con «toa» la gente que había me pregunta a mí que soy el último mono?

BENIMERÍN 1	(*Zarandeándolo.*) ¡Contesta! ¿O es que quieres que te mate?
PEDRO	(*Indicando con un giro completo los cuatro puntos cardinales.*) Por allí, por allá, por allá, por allí...
BENIMERÍN 1	¡Encima te vas a reír! ¡Ahora verás!

(*Levantando la espada amenazante. El otro* BENIMERÍN *se lo impide.*)

BENIMERÍN 2	Déjalo. No pierdas el tiempo con este ¿No ves que le falta una pesita? (*Con el índice en la sien, indicando que no está bien de la cabeza.*) ¡Vámonos al Poyetón con los otros que por aquí no hay nada ni nadie!

(*Los* BENIMERINES *se adentran en busca de los compañeros y dejan desierta la plaza. Solo queda* PEDRO *que vuelve al banco canturreando.*)

PEDRO	Por la mañana temprano se acuesta la luna y se levanta el sol. Por la mañana temprano... se levanta mi hermano y me acuesto yo.

(*Echándose en el banco.*)

VIII.
Plaza. *Pozo Concejo.*

Los BENIMERINES *se acaban de ir con el botín. A la señal del* ALGUACIL *acuden todos a la plaza. Las* VENDEDORAS *recogen los puestos. Un hombre con una carretilla se lleva la mercancía tirada por el suelo en la huída. Los componentes del Concejo:* ALCALDE, PANCRACIO *el escribano, con una carpeta de papeles en la mano,* MANUEL *el tesorero, el* ALGUACIL *y los demás hombres se dirigen a la taberna. El* ALGUACIL *repara en* PEDRO.)

ALGUACIL   (*A* PANCRACIO.) Este se ha «pasao» aquí la noche ¿Qué haces ahí, Pedro? ¿Tomando el fresco? (PEDRO *no contesta.*) ¡Anda, despierta y márchate a tu casa!

PEDRO   (*Refunfuñando.*) Uf, uf.

PANCRACIO   Yo creo que no se ha movido del banco en medio de «to el «fregao». ¡Como es tan cabezota!

ALGUACIL   ¡Y tan cotilla, que no quiere perderse nada!

(*Llegan a la taberna y se acomodan fuera como pueden. Al frente, el* ALCALDE *y* PANCRACIO.)

ALCALDE   ¿Estamos todos?

ALGUACIL   Eso parece.

ALCALDE   ¿Está listo el escribano?

PANCRACIO   Lo estoy.

ALCALDE   Pues entonces comencemos el recuento. Alguacil, ¿hubo bajas?

ALGUACIL   Ninguna. Gracias a Dios.

ALCALDE   A Dios y a mí que mandé tocar a refugio. Y que nadie se sienta cobarde por eso. Eran demasiados y hubiéramos muerto todos. ¿Y heridos, cuántos?

ALGUACIL   Solo tres, y leves.

ALCALDE   ¿Qué se llevaron?

ALGUACIL   Veinte sacos de trigo, dos mulos, tres vacas, diez borregos y once cabras.

ALCALDE   Apunta, Pancracio.

MANUEL   ¿Con todo eso arramplaron? A este paso, con otras dos atacadas nos dejan «espeluchaos». Así no podemos seguir. Algo tendremos que hacer.

ALCALDE ¿Pero qué? ¿Cuántas veces pedimos socorro y aquí no ha venido nadie? Desde que los expulsaron, Sevilla se ha «quedao» sin hombres.

REGIDOR 1 Pues que los traigan del norte o de cualquier otro «lao» ¿No mandaron a Coria a doscientos catalanes?

REGIDOR 3 ¿Catalanes eran los que trajeron a Coria?

REGIDOR 2 ¡Catalanes nada menos! ¡Y anda que no vienen de lejos!

REGIDOR 3 ¡Conque catalanes! ¡Así han «salío» los corianos de comerciantes!

PANCRACIO Ya lo eran desde los fenicios.

ALCALDE No nos desviemos del tema, que hemos venido a hablar de los benimerines y no de los corianos ¿Qué podemos hacer? ¿A quién se le ocurre algo?

REGIDOR 1 Si vamos adonde siempre, ya se sabe que es «pa na». Habría que apuntar más alto.

ALCALDE ¡Si pudiéramos hablar con el rey en persona!

PANCRACIO Pues el rey está en el Alcázar.

ALCALDE	Por eso lo digo. Sería cuestión de ir allí y saltarse los demás trámites.
REGIDOR 1	¡Que nos va a recibir el Rey a nosotros! ¡Vamos, anda! ¡Si somos cuatro gatos y La Guardia es el culo del mundo!
REGIDOR 3	Nunca se sabe. En una de estas le caemos en gracia.
REGIDOR 1	¡Ya! ¡Que te lo has creído tú!
REGIDOR 3	¿Quién te dice que no? Total, por intentarlo...
REGIDOR 1	¿Cómo piensas convencerlo?
REGIDOR 3	No sé. Con un buen regalo, un cordero, por ejemplo.
REGIDOR 1	¡Si al Rey le sobra la carne!
REGIDOR 3	Pues, con algo típico de aquí. Un par de sábalos, unos camarones, unos espárragos trigueros... o unos caracoles.
REGIDOR 2	Y si los guisa mi suegra, mucho mejor.

(*Todos se ríen.*)

| REGIDOR 1 | Eso es muy poca cosa, hombre. |

REGIDOR 2   ¿Y qué? Lo que importa es el detalle. Pero tiene que ser un detalle de más peso.

REGIDOR 1   ¿De más peso? ¡Pues como no le llevéis un saco de melones!

(Risas.)

ALCALDE   No os riáis, que no es mala la ocurrencia. Los melones de la Isla tienen fama de ser los mejores del mundo.

REGIDOR 3   Los melones y unos «quemaítos» de la Puri, y triunfamos.

REGIDOR 2   Y unas cuñas de la confitera nueva.

ALCALDE   Las tres cosas son muy propias. ¿A ustedes, qué les parece?

REGIDOR 2   A mí, bien.

REGIDOR 3   A mí también.

REGIDOR 1   Yo no creo que resulte, pero si os empeñáis…

ALCALDE   Lo votamos. Votos a favor del regalo. *(Levantan la mano.)* Uno, dos, tres, cuatro, cinco… Aprobado por unanimidad. Tesorero, apunta, un saco de melones, unos «quemaítos» y unas «cuñas» a cargo del Concejo.

MANUEL   ¿Habrá dinero en la caja?

ALCALDE   Lo buscamos donde sea, que son regalos pequeños y esto es de fuerza mayor. Ahora toca saber quién los lleva.

ALGUACIL   Pues, quién va a ser, tú, que eres el alcalde.

ALCALDE   Yo no me muevo de aquí por si vuelven otra vez. Mejor que vaya Pancracio que es el que sabe de letras. ¿Hace falta que votemos?

REGIDOR 3   Para qué si vamos a estar de acuerdo.

ALCALDE   Pues, Pancracio, te ha «tocao».

PANCRACIO   No es que me guste el encargo, pero qué remedio queda.

ALCALDE   Así ves el Alcázar por dentro.

MANUEL   Un buen señuelo te ha «echao».

ALCALDE   Hay que preparar bien la entrevista y tener claro qué le pedimos al Rey. Una ocasión así no puede desperdiciarse.

REGIDOR 1   El alcalde habla como si ya tuviera al Rey delante. Mucha confianza me parece a mí que tiene en los melones.

REGIDOR 2   ¡Como para no tenerla!

ALCALDE   ¡Silencio! Vamos al grano. Pancracio, ¿cuántos habitantes hacen falta para que seamos un pueblo como Camas, como Gelves y como Coria?

PANCRACIO   Ciento cincuenta.

ALCALDE   ¿Y cuántos somos en esta aldea de La Guardia?

PANCRACIO   Unos cincuenta contando a las mujeres y a los niños.

ALCALDE   Pues está claro que hay que pedirle otros cien.

PANCRACIO   Así ya seríamos un pueblo como Dios manda, con su iglesia, su médico y su maestro.

ALCALDE   Y con un ayuntamiento de verdad, y no este de pacotilla que nos hemos «inventao».

REGIDOR 2   Sí señor, muy bien dicho. Un pueblo con «to» sus avíos, como el cocido de mi suegra.

              (Ríe.)

REGIDOR 3   ¡Eso sería la gloria!

REGIDOR 1   La gloria, y un sueño, porque estamos soñando ¡Con que nos manden veinte o treinta, vamos que chuta!

ALCALDE   Ni hablar, hay que tirar por lo alto, que para rebajar siempre hay tiempo. Así, que ya sabes, Pancracio, cien hombres y ni uno menos. Y escríbele una nota al Rey con un poco de misterio, que le pique la curiosidad ¿Te vas a esmerar, Pancracio?

PANCRACIO   Se hará lo que se pueda, alcalde.

ALCALDE   ¡Ah! Y que sea un pueblo de realengo. Que eso es muy importante.

REGIDOR 2   ¿Qué es eso de realengo?

ALCALDE   Que no sea nuestro dueño un noble; que nuestro dueño sea el mismísimo Rey.

REGIDOR 1   ¿Y qué más da un dueño que otro?

ALCALDE   ¡Claro que da, y tanto! Los nobles tienen leyes propias y bastante más duras que las de los reyes. ¡Figúrate, que hasta pueden hacer uso del derecho de pernada!

REGIDOR 2   ¿Qué clase de derecho es ese?

ALCALDE   Explícaselo tú, Pancracio.

PANCRACIO   ¡El derecho de poner la pierna sobre la novia el mismo día de la boda y antes de que se la ponga el novio!

REGIDOR 1   Será algo más que la pierna.

PANCRACIO   Hombre, se sobrentiende.

REGIDOR 2   ¿La pierna a la novia? Ni antes, ni después. ¡Qué sinvergüenza!

REGIDOR 3   ¡Y qué humillación tan grande para la novia, para el novio, para la familia y para toda la gente!

REGIDOR 1   Eso es una canallada que no se puede aguantar. Para eso mejor que no venga nadie, que estamos bien como estamos.

PANCRACIO   Tranquilos, que si es pueblo de realengo, no hay problema, porque en las leyes del Rey el derecho de pernada es un delito muy grande.

REGIDOR 1   Ah, entonces, bueno.

ALCALDE   Encárgate tú de los melones, de los pasteles, y de un carro que los lleve. Pancracio, mañana mismo estás camino de Sevilla. Y con esto y un bizcocho hasta mañana a las ocho. Se levanta la sesión, que ya es hora de tomarse un mosto.

Acto Segundo
IX.
Alcázar. *Salón del Rey.*

> *Se oye el canto de «El milagro de la Virgen de la Estrella». En el frente, al fondo, el sillón real. La corona colgada de un extremo. A la izquierda, la puerta de entrada. A la derecha, más cerca del proscenio, junto a una ventana, el* Rey *escribe. El* Mayordomo *entra.*

MAYORDOMO   ¡Majestad!

REY   (*El* Rey *permanece unos instantes en silencio. Luego deja la pluma y lo mira.*) Dime.

MAYORDOMO   Ha venido otra vez el hombre de los melones ¿Qué le digo?

REY   Hazle pasar, que me dejó intrigado su nota. (*El* Mayordomo *sale, y al instante aparece tímidamente* Pancracio. *Antes de que el* Rey, *ensimismado de nuevo en lo suyo, levante la cabeza de la mesa y de que* Pancracio *pueda decir palabra, ni avanzar un paso, irrumpe en la sala el infante* Sancho *forzándole a hacerse a un lado, como si no lo hubiera visto siquiera.* Pancracio *se retrae asustado y se oculta tras una cortina, un mueble o una puerta cercana. El* REY, *un poco sobresaltado se yergue ante el estrépito de* SANCHO *que viene vestido de guerrero.)* ¿Qué manera de entrar es esa? ¿Qué haces aquí vestido de guerrero y con la espada al cinto? Pareces más un enemigo que un hijo.

SANCHO   Lo siento, padre, no te pude avisar. Asuntos urgentes me traen.

REY   ¿Qué ocurre?

SANCHO   Los nobles del norte se han rebelado contra ti.

REY   ¿Qué nobles?

SANCHO   Los más importantes.

REY   ¿Quién está a la cabeza?

SANCHO   Don Nuño de Lara, el señor de Vizcaya.

REY   ¡Vaya, otra vez el vasco! ¿Qué le pasa? ¿No le convencen mis leyes?

SANCHO   Ni tus leyes ni otras cosas.

REY   ¿De qué se quejan ahora?

SANCHO   De la reforma de la Hacienda y del cambio de moneda que dicen los ha arruinado.

REY	¿Arruinados? ¡Ya será menos! Estos nobles no se conforman con nada.
SANCHO	También te reprochan el despilfarro que haces en músicos y en poetas. Y en traducciones de libros que no valen para nada.
REY	¡Ignorantes! Esos libros contienen todo el saber del mundo y nos pertenecen a todos. ¿No estás de acuerdo conmigo?
SANCHO	Yo solo trasmito lo que piensan.
REY	¿Y de qué más me acusan?
SANCHO	De ambición, por querer a toda costa el título de emperador de occidente con los gastos que acarrea.
REY	¡Cortos de mira! Ese título me pertenece por herencia ¡Cómo si un imperio se pudiera heredar todos los días! Siglos pueden pasar hasta que se presente otra oportunidad. Y yo he conseguido que todos me prefieran a mí antes que al rey de Inglaterra. Ya solo me falta el apoyo del Papa.
SANCHO	Pero llevas diez años de pleitos que para ellos significan dinero, dinero y cada vez más dinero.
REY	¿Has terminado, o te queda tinta en el tintero?

SANCHO	Sí. La gota que colmó el vaso de su paciencia.
REY	Imagino lo que es: Portugal.
SANCHO	Sí, Portugal. No te equivocas. Están indignados porque le has perdonado el feudo y las deudas.
REY	A Portugal no le perdoné nada, se lo perdoné a su reina, que por cierto, te recuerdo que también es hija mía.
SANCHO	Pero hija bastarda y las rentas pertenecen a Castilla. Dicen que has perdido el juicio, que chocheas. Y que hay que sustituirte por otro.
REY	¡Hipócritas! De sobra saben que estoy bien cuerdo. ¿Sustituirme por quién? ¿Por ti acaso, que eres joven y valiente y, además, le bailas el agua?
SANCHO	Así es. Aunque yo no le baile el agua a nadie.
REY	Pero piensas como ellos.
SANCHO	Sí y no. Vacilo entre dos espadas.
REY	Sabes bien que el heredero es mi nieto como así consta en mis partidas.

SANCHO	Esas leyes carecen de validez porque no están sancionadas. Y según la antigua ley, muerto el príncipe, mi hermano, la corona es a mí a quien corresponde.
REY	¡Argucias de leguleyo!
SANCHO	Además la guerra está en la frontera y tu nieto es un niño todavía.
REY	¿Es que yo no pinto nada? ¿Ni siquiera pelear me dejan? ¿Dónde está mi nieto ahora?
SANCHO	Tranquilo, tranquilo, no temas, que está en Aragón con su madre y con su abuela.
REY	¿Tan mala es la situación que tienen que huir de Castilla el heredero y la reina?
SANCHO	Peor de lo que imaginas. Una parte de los nobles se ha exilado voluntariamente a Granada.
REY	¿A Granada que es nuestro mayor enemigo?
SANCHO	Allí están. Y dispuestos a quedarse si no aceptas sus condiciones. Padre, seré más claro para que pongas los pies en la tierra. Te han requisado el gobierno, las ciudades y las rentas. En Castilla y en León únicamente te queda, y solo a título honorífico, la corona. Y eso porque yo lo puse como condición primera.

REY   Entonces, en Sevilla ¿quién soy yo ahora?

SANCHO   Aquí en Sevilla, en Murcia y en Badajoz sigues siendo el rey con todas sus consecuencias. Esa fue la segunda condición que puse para aceptar la corona cuando me llegue el momento. Amén de que aquí todos te apoyan.

REY   ¿O sea que encima tengo que agradecértelo?

SANCHO   A mí y a los sevillanos que hicieron piña contigo.

REY   Me pregunto si actúas por lealtad o por estrategia.

SANCHO   Por ambas cosas. Trato de evitar un conflicto que está poniendo en peligro la corona: la tuya, la mía o la de tu nieto, que para el caso es la misma. Por reinar no tengo ninguna prisa, te lo aseguro.

REY   ¡Ya! Muy listo. Si te han puesto el trono en bandeja, ¿qué ganas con usurparlo? Nada. Problemas, solo problemas.

SANCHO   Puedes pensar lo que quieras. Y ahora que lo sabes todo, dime, ¿cuál es tu respuesta?

REY   Ninguna. Tal y como están las cosas, lo más importante en este momento es negociar con el señor de Vizcaya para que salgan cuanto antes de Granada.

SANCHO   Padre, creo que no me has entendido. Tienes que aceptar sí o sí que yo sea el heredero y que gobierne en tu nombre.

REY   Aceptaré si no queda otro remedio.

SANCHO   Pues entonces, todo en regla. Me marcho que los soldados esperan. Deséame suerte.

REY   Adiós.

SANCHO   ¿Adiós a secas? Yo a ti te la deseo, aunque te cueste creerlo.

(SANCHO *se da la vuelta y sale.*)

X.
Alcazar. *Salón del Rey.*

> Pancracio *asoma varias veces la cabeza sin atreverse a interrumpir al* Rey *y sin que este se percate de su presencia.*

Rey   ¡Qué desengaño de hijos, y cuántos vaive-
          nes dan las casas reales!
          Juro por Dios Santo
          que si por mí fuera
          no tendría amores, ni armas,
          ni corona, ni manto
          porque son muy peligrosos
          y traen en toda ocasión
          llanto y quebranto.
          Si por mí fuera
          me echaría a la mar
          y me alejaría deprisa
          convertido en mercader
          de aceite y de harina.
          Si por mi fuera…
          Pero aunque deseo huir, aquí me quedo,
          en Sevilla, porque es mi obligación, y por-
          que Sevilla es una ciudad maravillosa, la que
          más me gusta de todas. (*Poniéndose la coro-
          na.*) ¡Gracias a dios que me queda Sevilla!
          ¡Sevilla no me ha dejado!

(*Vuelve a entrar* SANCHO *y* PANCRACIO *se esconde de nuevo*)

SANCHO

Ah, padre, se me olvidaba... Y quiero que lo sepas por mi boca. No voy a casarme con Guillerma.

REY

¡Pero qué dices! ¡Si estás casado con ella desde los once años!

SANCHO

El matrimonio puede anularse porque no está consumado.

REY

¿Por qué no la quieres? ¿Porque tiene mal carácter y es uno poco fea?

SANCHO

Ni aunque fuera Cleopatra. No me caso con Guillerma, me caso con María de Molina.

REY

El Papa no te dará la licencia porque es tu tía.

SANCHO

Me casaré con licencia o sin licencia. La quiero como no puedes imaginarte.

REY

¡Claro que me lo imagino! Como yo quería a María la Mayor y me casé con tu madre por razones de estado.

SANCHO

Tú eres tú y yo soy yo.

REY

Pero ambicionas el trono y esa boda es un obstáculo.

SANCHO   Cuando sea rey conseguiré la licencia con este o con otro papa.

REY   Sigues igual de rebelde y obstinado. Allá tú con lo que haces. Pero si la quieres tanto, comprenderás por qué ayudo a mi hija, aunque sea bastarda.

SANCHO   Ese asunto no me incumbe. No tengo más que decirte. Adiós.

      (SANCHO se vuelve y sale. El REY queda en silencio pensativo.)

REY   ¡María la Mayor! ¡Cuánto la quise! ¡Cuánto la eché de menos! Ahora me pregunto si el sacrificio valió la pena. En cierto modo envidio a mi hijo. Yo no me hubiera atrevido.

      (Se quita la corona y la deja donde estaba. Se sienta abatido.)

XI.
Alcazar. *Salón del Rey.*

Sale PANCRACIO *de entre las cortinas.*

PANCRACIO ¡Majestad!

REY (*Volviéndose.*) ¿De dónde sales?

PANCRACIO De… ahí… de detrás de la cortina…

REY Entonces has oído la conversación.

PANCRACIO Pues… yo… verá… ha sido sin querer… su hijo entró como una exhalación… tanto… que… no pude evitarlo.

REY Te habrás percatado de la importancia de lo que aquí se ha dicho.

PANCRACIO Sí, Majestad, no voy a negarlo.

REY El tema es muy delicado y no puede salir de estas cuatro paredes.

PANCRACIO Guarde cuidado, majestad, que en un pozo sin fondo cayeron esas palabras.

REY Eso espero por tu bien.

PANCRACIO	Soy hombre mudo, señor, y ciego si hiciera falta.
REY	No temas. Confío en ti, no sé porqué.
PANCRACIO	De veras siento lo suyo, majestad. En todas las familias hay problemas de herencia.
REY	Y en la de los reyes más.
PANCRACIO	Cuando habló de la mujer que quería... con la que no se casó...
REY	Sí, María la Mayor.
PANCRACIO	Me recordó lo que decía mi madre. Que no hay nadie más esclavo que un rey.
REY	¡Qué razón tenía tu madre! ¡Y eso que Violante, mi esposa, es una buena reina y me dio cuatro hijos! Pero cuando a uno lo contrarían en el fervor del amor ¡Qué desgarro! ¡Qué sufrimiento tan grande! Y tú, ¿te casaste por voluntad propia?
PANCRACIO	Sí señor, y muy a gusto.
REY	Créeme que también a ti te envidio ¿Cómo te llamas?
PANCRACIO	Pancracio, para servirle.
REY	Ese nombre es de origen griego.

PANCRACIO   No lo sabía.

REY   Quiere decir «el que todo lo puede».

PANCRACIO   Eso le cuadra más a usted. Si quiere puedo cambiárselo.

REY   El nombre es casi lo único que me queda. Dejémoslo como está. Yo, Alfonso X, y tú, Pancracio. Y dime, buen hombre. ¿De dónde vienes?

PANCRACIO   De la aldea de La Guardia.

REY   ¿Dónde está exactamente?

PANCRACIO   A dos leguas de Sevilla, en el último cerro del Aljarafe, sobre un talud que da al río.

REY   Estará cerca de Coria.

PANCRACIO   Justo al lado. Precisamente de Coria es Pablo, el novio de mi hija.

REY   Entonces conocerás el milagro que hizo allí la patrona, la virgen de la Estrella.

PANCRACIO   ¿El del niño al que su padre no pudo enterrar porque lo tenían preso los benimerines?

REY   Ese mismo, al que la virgen resucitó y cuidó mientras el padre estuvo en la cárcel.

PANCRACIO	¡Qué casualidad, usted también lo conoce!
REY	No solo lo conozco sino que lo tengo escrito aquí (*Señalando un manuscrito.*) en mi libro de milagros. Es el número 323, para ser más exacto por si te interesa.
PANCRACIO	¿Además de Rey, escribe?
REY	Me distrae y me consuela mucho. Pero, cuéntame ¿Cuál es ese asunto tan grave que te trae por aquí y que dices que me atañe? Debo reconocer que me ha picado la curiosidad.
PANCRACIO	Majestad, los benimerines siguen viniendo de África y atracan en la Barqueta que es el muelle de La Guardia, el primero que se encuentran. Y hacen razias de continuo y se llevan lo que sea. Y allí quedan pocos hombres, y los que quedan, sin armas. Y es un peligro muy grande, porque Sevilla está cerca y, si a tiempo no los paran, en menos que cante un gallo, se encajarán en Triana.
REY	¿Cuantos vivís en la aldea?
PANCRACIO	Unos cincuenta, contando mujeres y niños. Pero en edad de pelear muy pocos porque los fueron diezmando los benimerines. Un ataque más, y sabe Dios lo que será de nosotros. La ayuda nos corre prisa.

REY   Aunque hay escasez de hombres, os mandaré, cuando pueda, cincuenta más y un capitán muy valiente que acaba de llegar del norte, el conde de Macabeo.

PANCRACIO   Majestad, hemos pensado...

REY   Habla.

PANCRACIO   Que si pudieran ser cien en lugar de cincuenta, ya seríamos un pueblo, como Coria, como Gelves y como Camas.

REY   Pancracio, haces honor a tu nombre. Fundaré un pueblo en La Guardia porque me has convencido de que es un lugar estratégico y de que corréis gran peligro. Primero irá el capitán y poco a poco irán llegando los otros porque hay que traerlos de fuera.

PANCRACIO   Y si no es mucho pedir, que sea un pueblo de realengo.

REY   ¿Tanta diferencia encuentras?

PANCRACIO   Preferimos mil veces al Rey porque los nobles campean por sus fueros y hacen leyes a su antojo.

REY   ¡A mí me vas a contar, que han rechazado las mías porque no les favorecen! Esa es la verdadera causa de que no acaten mi

	autoridad y no la sarta de acusaciones falsas que encubren su codicia y su ambición.
Pancracio	También he oído decir que algunos nobles hacen uso del derecho de pernada.
Rey	No te preocupes por eso, que en mis leyes esa conducta está duramente castigada. La Guardia será pueblo de realengo porque a los dos nos conviene.
Pancracio	Gracias, Majestad, me deja muy tranquilo. (*El* Rey *hace sonar una campanilla. Aparece el* Mayordomo *y, a una señal del* Rey, *se acerca a él. El* Rey *le dice algo al oído. El* Mayordomo *tras hacer una reverencia, sale.*) Pues… entonces… con su permiso, me voy, que estoy deseando contarlo.
Rey	Espera un poco, hombre, no tengas tanta prisa.
Pancracio	Es que… me da apuro… no quisiera molestarle.
Rey	No molestas. Al contrario. Me hace bien hablar con alguien que no sea de la Corte y olvidarme por un rato de tantas preocupaciones.
Pancracio	Pero…

REY   No hay «pero» que valga. Siéntate, y tómate un vino conmigo de los campos de Jerez.

                   (*El* REY *sirve dos copas de vino de una botella que hay sobre una mesita.*)

PANCRACIO   Lo que usted diga, señor. Con mucho gusto, lo hago.

REY   ¡Por tu pueblo!

PANCRACIO   ¡Por la Guardia!

REY   ¿Qué te parece el vino?

PANCRACIO   ¡Buenísimo!

REY   ¿Tienes hijos?

PANCRACIO   Una hija.

REY   Con las hijas es más fácil. Las hijas dan menos problemas

PANCRACIO   Eso dicen, aunque depende.

REY   ¿Y ya la has prometido?

PANCRACIO   Se ha prometido ella sola. Y si yo se lo prohibiera, no lo quiero ni pensar que ¡menudo genio tiene!

REY	¡Ventaja de no ser rey, casarse con quien se quiera!
PANCRACIO	Alguna ventaja tendríamos que tener.
REY	No te he dado las gracias por los melones.
PANCRACIO	¿Ya los ha probado?
REY	Ha sido el postre de hoy. Tenías razón. Parecía un caramelo.
PANCRACIO	De la vega del río son, que es una tierra muy buena. ¿Y los «quemaítos», le gustaron?
REY	Mucho. Un dulce muy fino. Aquí a la mano los tengo por si se me antoja alguno. Y las cuñas, también, que soy un rey muy goloso. (*Entra el* MAYORDOMO *con el documento de la Carta-Puebla y, a una señal del* REY, *se lo entrega a* PANCRACIO.) Es para ti, Pancracio. Cógelo.
PANCRACIO	¿Para mí, señor? ¿Qué es?
REY	La Carta-Puebla de la fundación. Ahí tienes a tu pueblo.
PANCRACIO	¿Tan pronto?
REY	¿A qué esperar? Así te la llevas hoy.
PANCRACIO	¡Qué alegría, no puedo creerlo!

Rey	Pues créelo que es verdad.
Pancracio	(*Leyendo.*) CARTA-PUEBLA Año 1272... El rey Alfonso X y su esposa Violante conceden a la aldea de La Guardia...
	(*No puede seguir leyendo de emoción.*)
Rey	¡Estás llorando!
Pancracio	De alegría, majestad. Muchísimas gracias.
Rey	A ti por tu compañía. Me siento un poco mejor. Ya puedes irte, que sé que estás deseando. Mañana mismo llegará el conde a La Guardia.
Pancracio	(*Haciendo una reverencia.*) Gracias en nombre de todos, majestad.
Rey	Si tienes algún problema, no dudes en venir. Di que eres el de los melones.
Pancracio	Gracias de nuevo. Adiós.
	(*Hace otra reverencia y sale.*)

Acto Tercero
XII.
Plaza. *Pozo Concejo.*

> *El Concejo está reunido informalmente en la*
> *puerta de la taberna. Las* MUJERES, *intran-*
> *quilas y curiosas, andan por la plaza. Todos*
> *esperan a* PANCRACIO *con impaciencia. Los*
> NIÑOS *juegan y alborotan, corriendo, apare-*
> *ciendo y desapareciendo.*

MUJER 2   ¡Qué fresquito más bueno corre en esta
               plaza!

MUJER 4   Los aires que entran de las marismas.

MUJER 1   A ver qué nuevas nos trae Pancracio de Se-
               villa.

MARÍA   Hace más de veinticuatro horas que se fue
               y no creo que tarde.

MUJER 1   Estará esperando a que el Rey lo reciba, y
               los reyes se toman su tiempo.

MUJER 3   ¡Qué raro! ¿Jacinta no viene?

MARÍA   Se quedó terminando el vestido.

MUJER 4	¿Sigue en pie la boda después de lo que ha pasado?
MARÍA	¡Cualquiera la retrasa con la ilusión que tienen!
MUJER 4	¿Y si los benimerines aparecen durante la ceremonia?
MARÍA	¡No lo quiera dios! ¿Va a tener tan mala suerte?
MUJER 2	El muchacho parece bueno.
MARIA	No tengo ninguna queja ¡Pero ella es tan joven... y yo me quedo tan sola!
MUJER 3	Eso es lo malo de no tener más que una hija. Pero ya verás cuando te dé nietos... Con los nietos se disfruta mucho. Más que con los hijos.
MUJER 4	Los nietos lo llenan todo.
MUJER 2	Y se les quiere tantísimo.
MARÍA	A mi me da miedo que los tenga ¡En estos tiempos y con tantos peligros sabe dios lo que será de ellos!
MUJER 4	Anda y no pienses en eso.

(CASILDA *y las amigas charlan en un aparte.*)

AMIGA 1	Me da pena que te cases y que te vayas a Coria.
AMIGA 2	A mí también me da.
CASILDA	Seguiremos siendo amigas ¡Si no me voy al fin del mundo! ¡Si Coria está a dos pasos!
AMIGA 3	Dinos, ¿cómo es el vestido?
CASILDA	Ya lo veréis el domingo.
AMIGA 3	Solo una cosa, ¿tiene vuelo o es liso?
CASILDA	¡Ah!
AMIGA 1	Y el escote es de barco o de pico.
CASILDA	Ah pues no lo sé.
AMIGA 1	Pues si tú no lo sabes quien lo va a saber.
AMIGA 3	¿Y la tela, es de organdí o de organza?
CASILDA	De las dos cosas puede ser y de otras muchas también.
AMIGA 2	Eso es como no decir nada. Anda dilo que para eso somos amigas.
CASILDA	Que no, que no, no seáis pesadas. Que da mala suerte. Ni siquiera se lo he dicho a mi novio.

Amiga 3   *(Con retintín.)* ¿Y no tienes miedo?

Casilda   ¿Miedo de qué?

Amiga 3   Yo en tu caso estaría temblando.

XIII.
Plaza. *Pozo Concejo.*

En el Pozo Concejo el ALCALDE *y los demás siguen esperando a* PANCRACIO.

REGIDOR 4   Este hombre no llega.

REGIDOR 1   ¡Anda que si después de tanto esperar viene con las manos vacías...!

REGIDOR 2   No me seas cenizo, hombre.

REGIDOR 1   Oye, tú, que yo no soy cenizo.

REGIDOR 2   No, ni, na.

REGIDOR 1   ¿Es que aquí no se puede opinar?

REGIDOR 2   Opina, di lo que quieras, pero con un poquito de alegría, «miarma».

REGIDOR 3   ¡Qué pesaos sois! Dejad de discutir un ratito.

ALCALDE   ¡Mirad, ahí llega Pancracio! Y trae algo en la mano.

(PANCRACIO *atraviesa la plaza en dirección al Pozo Concejo enarbolando la carta.*)

PANCRACIO

¡La tenemos! ¡Aquí está! ¡Aquí está! ¡La tenemos!

MARÍA

¡Gracias a dios que ha llegado! (*Las* MUJERES *siguen a* PANCRACIO. MARÍA *se vuelve hacia las muchachas que van rezagadas.*) Vamos, deprisa, que os lo vais a perder. «Y dejarse de cuchicheos» que siempre estáis hablando de lo mismo.

PANCRACIO

(*Llegando.*) Queridos vecinos de La Guardia, lo conseguimos. Ya somos un pueblo. ¡Y de realengo, como dios manda!

REGIDOR 3

¡Bien por Pancracio! ¡Bien por el alcalde!

TODOS

¡Bien!

(*Gritan, aplauden.*)

ALCALDE

Silencio. Dejadlo hablar.

PANCRACIO

Esta es la Carta-Puebla, el documento de la fundación. Mirad, qué bonita es.

REGIDOR 2

¡Que la lea!

ALCALDE

Léela, Pancracio.

PANCRACIO	Voy al grano. Año 1272. El rey Alfonso X y su esposa Violante… conceden esta Carta-Puebla con Privilegio Rodado a la aldea de La Guardia.
REGIDOR 2	A ver, que me entere yo ¿qué privilegio es ese?
PANCRACIO	Que podemos disfrutar de los pastos de la tierra sin pagar «na de na», como si fueran nuestros.
REGIDOR 1	Para ese viaje no hacen falta alforjas. Eso ya lo hacíamos antes.
PANCRACIO	Pero «de extranjis» y sin derechos. Pero a partir de ahora por lo legal. Y además de pueblo también somos una colación de Sevilla.
REGIDOR 3	¿Colación, qué es eso?
PANCRACIO	Algo así como un barrio de la capital con las ventajas que eso tiene.
REGIDOR 1	Bueno, algo es algo, pero lo de «rodao» mosquea un poco ¿no?
PANCRACIO	No seas desconfiado, hombre. Lo de rodado es por este sello redondo que está aquí estampado ¿lo ves? Pues eso es la firma del Rey.

Regidor 3	¡La firma del Rey! ¡Qué categoría! A este pueblo no le falta ni un detalle.
Alcalde	¿Y qué hay de los hombres, Pancracio?
Pancracio	Mañana llegará el capitán. Y poco a poco irán llegando los demás.
Alcalde	Pues habrá que preparar algo para recibir al capitán. Tesorero, el concejo pone el vino y, de comer, que cada uno traiga lo que pueda de su casa.
Regidor 1	¡Ojú, la que «sa liao!» ¡Lo que puede un saco de melones!
Alcalde	La idea fue tuya, aunque la dijeras de broma.
Regidor 1	(A Regidor 2.) ¿Has oído al alcalde? La idea fue mía. ¡Para que luego me llames cenizo!
Regidor 2	Una golondrina no hace verano.
Regidor 1	¿Entonces nos vamos ya?
Alcalde	Un momento, antes de que os vayáis quiero preguntaros algo. ¿A ustedes les gusta el nombre de La Guardia?
Regidor 3	A mí no me gusta nada.
Regidor 4	A mí tampoco me gusta.

REGIDOR 2   Ni a mí.

REGIDOR 1   Pues a mí ni fu ni fa. Es el que hemos te-
             nido siempre. ¿Por qué lo preguntas?

ALCALDE   Porque sería buen momento para cambiar-
             lo con motivo de la carta.

REGIDOR 3   Sí, mejor otro. La Guardia suena a cosa de
             guerra y algún día, si dios quiere, vivire-
             mos en paz.

ALCALDE   Pues a ver, ¿a quién se le ocurre alguno?

REGIDOR 2   Las Palmillas estaría bien. Es allí donde más
             vamos a tomar el sol o el fresco.

REGIDOR 4   Y a ver los barcos pasar.

REGIDOR 1   O a estar allí «sentaos» sin más.

REGIDOR 2   ¿Y La Barqueta, qué os parece La Barqueta?

REGIDOR 3   Bien también. O Las Mimbres porque es
             bonita a rabiar.

ALGUACIL   ¡Y anda que allí no hemos «jugao» ni «na»
             de chico!

ALCALDE   Cualquiera de esos tres nombres valdría
             porque son muy conocidos.

REGIDOR 1   Y los más «pisaos».

Alcalde	Pero... ¿os dais cuenta de que los tres están junto al río?
Regidor 4	Porque el río es lo más importante que tenemos. El río nos trae casi todo lo bueno, el «pescao», el riego, el comercio...
Regidor 1	Lo bueno y lo malo. Que por ahí también entran los benimerines.
Regidor 2	¡Ya estamos otra vez con la alegría!
Regidor 3	El río no es solo provecho y daño. El río también es belleza y sentimiento... Lo miramos y nos mira, si estás triste se entristece y se alegra si te ve contento. Es como una persona, como un amigo ¿No veis la vuelta que da allá abajo, para decirnos adiós, de pena que le da irse? ¿Os imagináis sin él?
Regidor 4	Eso es verdad. Sin el río esto no sería ni la mitad de lo que es. El río, tendría que figurar a la fuerza en el nombre.
Regidor 2	Pues entonces Las Palmillas del Río, o La Barqueta del Río, o Las Mimbres del Río.
Alcalde	No sé, no sé. Creo que habría que buscar algo que tuviera que ver con los tres para no hacerle un feo a ninguno.
Regidor 3	Le podríamos poner Puebla como dice la Carta.

PANCRACIO   ¿Puebla a secas? No. Hay muchas y se confundiría con otras.

REGIDOR 1   Además nos llamarían Puebla junto a Coria.

REGIDOR 4   Eso de ninguna manera, eso sería lo peor.

ALCALDE   ¿Y Puebla del Rio?

PANCRACIO   Ese estaría muy bien. En ese nombre entra todo: la Barqueta, las Palmillas, las Mimbres, el río y la fundación.

REGIDOR 2   ¡Qué bien suena! ¡Puebla del Río!

REGIDOR 3   ¡Pero bien!

REGIDOR 4   Habría que ponerle un «la» delante para que sea todavía más nuestro. Aquí se dice la Carmen, la Lola, la Amparo, la Tina, la Edelmira, la Angelita...

REGIDOR 3   ...la Candi, la María Jesús, la Prosper, la Mariquita, la Montse, la Pilar, la Antoñita, la Felisa, la María Pepa, la Fabiola...

ALCALDE   Para, para, no te embales que ya me habéis convencido. Si os parece bien, así se queda; La Puebla del Río. ¡Viva La Puebla del Río!

TODOS   ¡Viva!

ALCALDE   ¡Viva el rey Alfonso X y su esposa Violante!

TODOS   ¡Vivan!

            (*Aplausos.*)

ALCALDE   Se levanta la sesión. Y vámonos que es tar-
            de, y hay muchas cosas que hacer.

XIV.
Plaza. *Centro.*

> *Música andaluza antigua. Las* MUJERES *van y vienen con viandas que colocan sobre mesas improvisadas. Los* NIÑOS *alborotan, algunos intentan coger algo.*

MUJER 2   Uf, ¡como huele!

MUJER 1   (*A un niño que le echa mano a algo.*) ¡Quita de ahí y no toques nada hasta que llegue la hora!

MUJER 3   ¡Qué buena pinta tiene esa carne!

MUJER 1   Aquí no hay tortilla, pásame una.

MUJER 3   Pon allí la chacina.

MUJER 4   Los caracoles, mejor en el centro. Ya está todo.

MUJER 5   ¿Y el pan? ¿Dónde está el pan?

MUJER 2   En la cesta.

MUJER 3   Pues sácalo, ¿a qué esperas?

(*Los componentes del Concejo esperan al capitán en la plaza. Suena el tambor de recibimiento. Las* Mujeres *lo dejan todo curiosas y alborozadas.*)

MUJER 1   Ya está. ¡Ya llega! ¡Ya llega!

(*Aparece el capitán* MACABEO *y su escudero* SERAFÍN, *ambos armados. La gente aplaude. El* ALCALDE *se dirige al capitán.*)

ALCALDE   ¡Bienvenido, capitán! Encantado de conocerle.

MACABEO   Lo mismo digo. Este es Serafín, mi escudero, mi ayudante, mi consejero y mi amigo fiel. Me acompaña a todas partes.

ALCALDE   Mucho gusto, Serafín.

SERAFÍN   El gusto es mío.

AMIGA 1   ¡Qué guapo es el capitán!

AMIGA 2   Tiene pinta de orgulloso, yo prefiero al escudero.

AMIGA 3   A ti Casilda, ¿no te gusta ninguno?

CASILDA   ¡Bah!

AMIGA 1   A ella, donde se ponga su Pablo, que se quiten los demás.

CASILDA   Sí. ¿Y qué pasa?

MUJER 1   Ojalá alguno esté soltero y se fije en mi hija.

MUJER 3   O en la mía, porque aquí hombres quedan pocos.

MUJER 2   Anda y no maquinéis, que es muy pronto para eso.

ALCALDE   ¡Ya están los preparativos! Vamos allá. Y que la música empiece.

               (Se acercan a las mesas acompañados por la música.)

MUJER 1   Un vino, señor alcalde.

MUJER 2   Y usted otro, capitán.

               (La gente come y bebe en torno a las mesas. El tamborilero toca por sevillanas. CASILDA y una amiga se arrancan a bailar. CASILDA está espléndida vestida de rojo. PABLO entra en la plaza con camisa blanca. Permanece un poco alejado, destacado entre los demás y embobado mirándola. El ALCALDE, el AGUACIL, MACABEO y SERAFÍN en un aparte charlan. PANCRACIO, MARÍA y JACINTA están juntos, delante.)

XV.
Plaza. *Centro.*

Alcalde	¿Qué le parece la fiesta, capitán?
Macabeo	Alegre, a no poder más. ¿Quién es la que baila con vestido rojo?
Alcalde	La hija de Pancracio el escribano.
Macabeo	Muy linda es.
Alcalde	La más guapa del Aljarafe.
Macabeo	¿Cómo se llama?
Alcalde	Casilda.
Macabeo	Lindo es el nombre también. Me casaría con ella con los ojos cerrados.
Alcalde	Llega tarde, capitán porque se casa el domingo.
Macabeo	Pero hoy es viernes.
Serafín	Viernes para todo el día.
Macabeo	¿Con quién se casa?

ALCALDE	Con Pablo, un muchacho de Coria. No estará lejos de aquí. Mire, es aquel de la camisa blanca que la mira embelesado.
MACABEO	¿Dónde está su padre, que tengo que hablar con él?
ALCALDE	Ahí delante lo tiene. ¿Quiere que lo llame?
MACABEO	Cuanto antes.
ALCALDE	Pues ahora mismo lo llamo ¡Pancracio! (PANCRACIO *se acerca.*) El capitán quiere hablarte.
PANCRACIO	Usted dirá, capitán.
MACABEO	Llámeme Macabeo que estamos en confianza.
ALCALDE	Les dejo solos que hablen. ¿Me perdonáis un momento?
MACABEO	(*Al* ALCALDE.) Faltaría más. (*El* ALCALDE *y el* ALGUACIL *se distancian un poco.* SERAFÍN *se queda un tanto rezagado al loro de todo.*) Pancracio, quisiera pedirle algo.
PANCRACIO	Si está en mi mano…
MACABEO	Lo está.
PANCRACIO	Pues entonces, dígame.

MACABEO	De su hija quiero hablarle.
PANCRACIO	¿Por qué? ¿Qué pasa? ¿Ha hecho algo malo?
MACABEO	No se alarme. Aparte de bailar muy bien, nada malo que yo sepa.
PANCRACIO	Me había asustado.

(PEDRO *disimuladamente merodea en torno a* MACABEO *y a* PANCRACIO *con la oreja puesta. El* ALGUACIL *y el* ALCALDE *alcanzan a oír aunque sin pretenderlo expresamente.*)

ALGUACIL	(*Al* ALCALDE.) Ese hombre tiene un «fu» que no me gusta nada.
ALCALDE	¿Por qué lo dices, si acaba de llegar?
ALGUACIL	No sé. No me da buena espina.
MACABEO	(*A* PANCRACIO.) Verá, voy a ser breve y muy claro. Ando buscando una esposa y su hija me ha gustado. Quiero pedirle su mano.
PANCRACIO	Es un honor capitán, pero ya está prometida, y el domingo se nos casa.
MACABEO	Pero todavía está soltera.
PANCRACIO	No entiendo bien lo que dice.

MACABEO   Que hoy es viernes y hay tiempo de anu-
               lar la boda.

PANCRACIO   Pero… ¡Si no la conoce de nada!

MACABEO   Con lo que he visto me basta.

PANCRACIO   Pero eso es imposible. Son novios desde
               que eran chicos. Seguro que no querrá.

MACABEO   En mi tierra es el padre el que decide.

PANCRACIO   Aquí hay otras costumbres. Primero se gus-
               tan, luego se piden, se hablan, se quieren
               y al final se casan.

MACABEO   Podemos llegar a un acuerdo.

PEDRO   ¡Macabeo, que te veo!

MACABEO   ¿Quién es ese que así me habla?

PANCRACIO   No se lo tenga en cuenta (*Le dice algo al
               oído.*) Aquí es uno más y todos lo aprecian.
               (*A* PEDRO.) Pedro, anda y vete a comer algo.

               (PEDRO *se aleja con su retahíla asombrado.*)

PEDRO   ¡Ahí va! ¡Ahí va! ¡Ahí va…!

MACABEO   Le decía que podemos llegar a un acuerdo.
               Y muy ventajoso para usted y su familia.

PANCRACIO   No dudo de que lo sea, pero es imposible, lo siento.

MACABEO   Pero, hombre, piénselo con calma.

PANCRACIO   No hay nada que pensar. Ya se lo he dicho bien claro.

MACABEO   Usted no sabe con quién está hablando. Además de capitán soy conde. El conde de Macabeo.

PANCRACIO   Quien quiera que sea. Me da igual. Aquí nadie es más que nadie por mucho o poco que tenga.

MACABEO   ¿Sabe lo que podría ocurrirle si se niega?

PANCRACIO   ¿A quién, a mí?

MACABEO   A usted, no. A su hija. Puedo hacer uso con ella del derecho de pernada.

PANCRACIO   Aquí ese derecho no vale, que obedecemos al Rey y no manda ningún noble.

MACABEO   Pues si fuera necesario, yo le compro el pueblo al Rey, que dinero no me falta.

PANCRACIO   Eso será si el Rey quiere.

MACABEO   ¿Así que es un «no» rotundo?

PANCRACIO Más rotundo que una casa.

MACABEO ¿Y no hay marcha atrás?

PANCRACIO No insista, que me ofende su propuesta.

MACABEO Entonces no se hable más. El domingo nos veremos las caras.

PANCRACIO ¿Eso es una amenaza?

MACABEO No me deja otra salida.

PANCRACIO Y a mí no me queda otra que pedir justicia al Rey.

MACABEO Pídela, que me conviene ¿Sabes cuál será el castigo? Que el Rey me case con ella para reparar su honor. Y entonces será por las malas lo que de buenas le pido.

PANCRACIO Si no tiene más que decir, con su permiso, me voy.

MACABEO Adiós.

SERAFÍN (A MACABEO.) Señor, ¿a qué meterse en problemas? En Sevilla hay muchas mujeres guapas que estarían deseando casarse con un conde de buen porte como usted.

MACABEO Pero da la casualidad de que es esta la que quiero.

Serafín	Pues yo no veo lo que tiene de especial.
Macabeo	Porque a ti te gustan todas.
Serafín	Eso es verdad. Aunque no cate a ninguna, ja, ja.

(María y Jacinta *están charlando y riendo. Llega* Pancracio.)

María	¿Qué quería el conde?
Pancracio	Nada de particular ¿Nos vamos ya?

(*Cogiéndola del brazo.*)

María	¿Tan pronto? ¿Te pasa algo? Tienes mala cara.
Pancracio	En casa hablamos. Aquí, no.
Jacinta	Yo también me voy.

(*Se van los tres.*)

XVI.
Plaza. *Centro.*

> MACABEO *se dirige decidido hacía donde es-*
> *tán* CASILDA *y su novio, un tanto apartados.*
> SERAFÍN *lo sigue.*

SERAFÍN ¿Adónde va, señor, con tanta prisa?

MACABEO A por ella, Serafín.

SERAFÍN ¡No vaya, hágame caso señor!

MACABEO Suya es la culpa, por bailar como bailaba.

SERAFÍN ¡Pero si está con el novio...!

MACABEO ¿Y a mí qué me importa eso?

SERAFÍN No se empecine, señor, que puede salirle
caro. Se lo digo por su bien.

MACABEO No te preocupes por mí, que yo sé lo que
me hago.

SERAFÍN (*Para sí.*) Hoy no atiende a mis razones
¡Dios nos coja confesados!

MACABEO (*A la pareja de novios.*) ¿Puedo hablarles un momento?

PABLO Dígame.

MACABEO Si no me equivoco eres su novio.

PABLO Lo soy desde hace tiempo.

MACABEO Verás, es que aquí hay un problema y entre los dos vamos a solucionarlo.

PABLO Yo no tengo ningún problema.

MACABEO Lo tienes aunque no lo creas. A mí me gusta tu novia.

PABLO No me extraña. A mí también.

MACABEO Y quiero casarme con ella ¿Por qué no te buscas otra?

PABLO ¿Será una broma, verdad?

MACABEO Te lo digo muy en serio

CASILDA ¡Vámonos, Pablo!

MACABEO ¿En qué trabajas?

PABLO Hago tinajas, ladrillos y tejas.

MACABEO	Poco es para una mujer tan hermosa. Yo puedo ofrecerle más.
PABLO	No lo dudo, pero pregúntele a ella. Casilda, contéstale.
CASILDA	¡Vámonos!
MACABEO	Esa no es una respuesta.
PABLO	Díselo, Casilda, para que nos deje en paz.
CASILDA	(*A* MACABEO.) A Pablo no lo cambiaría por nadie. ¿Me ha entendido, capitán, o se lo digo otra vez?
PABLO	Ya la ha oído. (*A* CASILDA.) ¡Vamos!
MACABEO	¿Por qué no te vas y se lo pregunto a solas a ver si dice lo mismo?
PABLO	Porque no me da la gana.
MACABEO	¿Y si yo te lo ordenara?
PABLO	No tengo que obedecerle. Yo no soy su escudero.
CASILDA	(*Cogiéndole del brazo y apartándolo.*) Pablo, vamos, ¿no ves que está buscando pelea?
MACABEO	Está bien. No insisto más por ahora. Pero... ¡Ándate con cuidado!

SERAFÍN   (*Acercándose.*) No le ha ido muy bien la cosa. Y eso que se lo advertí.

MACABEO   Cuanto más me rechaza más me incendio. Ninguna mujer se me ha resistido hasta ahora y esta no será la excepción, te lo aseguro.

SERAFÍN   Pero el novio es de «cuidao»

MACABEO   Ya le bajaré los humos y si no cede en su orgullo me queda la última baza.

SERAFÍN   Señor, no habrá pensado...

MACABEO   ¡Sí, lo has adivinado! (*A voz en grito.*) ¡Esa mujer será mía por las buenas o por las malas me case o no me case con ella!

             (*El* ALGUACIL *y el* ALCALDE *que estaban cerca también lo oyen.*)

ALGUACIL   (*Al* ALCALDE.) ¿Lo has oído?

ALCALDE   Confío en que sea una bravuconada y que recapacite.

ALGUACIL   Duro de pelar me parece este conde.

             (PABLO *y* CASILDA *se retiran un poco.*)

CASILDA   He pasado mucho miedo. Pensé que te mataría.

PABLO   ¿Has visto que modos tiene el gachó? ¡Qué
                   se habrá creído que es!

CASILDA   Pablo, yo me voy a casa. No tengo ganas
                   de fiesta. Y tú, vete a Coria también.

PABLO   Por ese yo no me voy.

CASILDA   Por él no, por mí, que me duele la cabeza
                   y quiero meterme en la cama.

PABLO   Si es por eso, te acompaño.

                   (*Se dirigen a la casa, mientras suenan sevi-
                   llanas y dos mujeres bailan ajenas a lo que
                   pasa. Otra intenta sacar a bailar a* PEDRO.
                   PEDRO *se resiste.*)

MUJER 3   Venga, Pedro, anímate. La primera nada
                   más.

                   (*Le saca a la fuerza. Lo jalean.* PEDRO *da dos
                   pasos y se retira. Risas y aplausos.*)

XVII.
Casa de Pancracio.

PANCRACIO   Siéntate, María. Tenemos que hablar.

MARÍA   ¡Ay, ay, me huelo que no es nada bueno!

PANCRACIO   Casilda corre peligro. El conde quiere casarse con ella y me ha pedido su mano.

MARÍA   ¡Ay, dios mío, qué problema! ¿Y tú qué le has contestado?

PANCRACIO   ¡Qué voy a decirle, que no!

MARÍA   Si estuviera libre y ella quisiera, todavía, pero a dos días de la boda y con lo que quiere a Pablo.

PANCRACIO   Y eso no es lo peor. Amenaza si me niego con hacer uso del derecho de pernada.

MARÍA   ¿El derecho de pernada? ¡Ay qué desgracia más grande nos ha «entrao» por las puertas! Antes de eso, mejor sería que se casara con el conde.

PANCRACIO   ¿Qué dices? ¿No conoces a tu hija?.

MARÍA	Tienes razón, ¿y qué podemos hacer?
PANCRACIO	Solo veo una solución: que se suspenda la boda. Si no hay boda no hay derecho de pernada.
CASILDA	(*Saliendo.*) ¡Eso de ninguna manera!
MARÍA	¿Pero estabas ahí, te hacía en la plaza?
CASILDA	(*Alterada.*) Ni se suspende mi boda, ni se va a casar conmigo, ni ese hombre será el primero que me ponga la pierna encima.
MARÍA	Hija, que es muy poderoso y si cumple la amenaza, sería una tragedia para ti, para Pablo, para nosotros... y para todo el pueblo.
CASILDA	No quiero seguir oyéndote... Me voy.
MARÍA	¿Adónde?
CASILDA	(*Saliendo por detrás.*) A casa de Jacinta. A probarme el vestido.
MARÍA	¡Mírala, tan tranquila, como si nada! ¡Con la que tenemos liada!
PANCRACIO	Déjala, si está ahí al lado. Querrá desahogarse. Yo estoy de acuerdo con ella.
MARÍA	Ya. Tú sólo ves por sus ojos.

PANCRACIO Casilda tiene razón. No se puede ceder ante tamaña injusticia. Es cuestión de dignidad. Yo también me voy.

MARÍA ¿Tú también? ¿Adónde?

PANCRACIO A Sevilla a ver al rey.

MARÍA ¿Y me dejas sola?

PANCRACIO El rey es el único recurso que nos queda. Voy a pedirle socorro.

MARÍA (*Llorando.*) ¡Ay, Pancracio, tengo mucho miedo! ¿Qué hago si el conde se presenta?

PANCRACIO No temas que hay tiempo. El domingo antes de las diez estaré de vuelta, me reciba o no me reciba el rey.

XVIII.
Casa de Jacinta.

JACINTA   Me has convencido, Casilda. Lo que pretendes hacer es muy atrevido pero te ayudaré y te guardaré el secreto, aunque esto me cueste un disgusto con tus padres.

CASILDA   (*Abrazándola.*) Gracias, Jacinta. Sabía que podía contar contigo. ¿Lo has entendido bien? Tienes que hacerlo todo al pie de la letra, tal y como te lo he explicado.

JACINTA   Que sí mujer. Ahora mismo voy a Coria a decírselo a Pablo y a su tío.

CASILDA   A los dos juntos no. A Pablo le cuentas solo la mitad, que la otra mitad se la cuento yo cuando llegue a las Mimbres.

JACINTA   Así lo haré, quédate tranquila.

CASILDA   Gracias. Adiós.

XIX.
Alcázar. Salón del Rey

> Pancracio y el Rey, *en medio de la conversación.*

PANCRACIO ... «Que esa mujer será mía por las buenas o las malas me case o no me case con ella. Y que allí donde la encuentre, allí mismo la hará suya por las malas o las buenas»

REY ¿Eso dijo el capitán?

PANCRACIO A voz en grito en la plaza que todo el mundo lo oyó.

REY ¡Qué barbaridad! Mientras yo sea rey de Sevilla, no consentiré en mis tierras esa infamia. ¿Cuándo se casa tu hija?

PANCRACIO Mañana domingo a las diez.

REY ¡Qué casualidad! Justo mañana pensaba ir de cacería cerca y haré parada en La Puebla. Yo mismo en persona me voy a encargar del caso y se va a enterar bien enterado ese conde. Vete tranquilo, Pancracio, que él no le tocará un solo pelo a tu hija y ella se

casará con su novio de siempre, el mucha-
cho de Coria tal y como estaba previsto.

XX.
Las mimbres

> *Madrugada. Llegan* Jacinta *con una bolsa,* Casilda *y* Pedro.

CASILDA   (*A* Jacinta.) Escondeos ahí detrás de esas mimbres hasta que os llame. ¡Ay, dios mío qué nervios! ¿Se habrá quedado dormido?

JACINTA   (*Voz en off.*) Tranquila, que todavía no es la hora.

CASILDA   Ya lo veo, por ahí viene.

JACINTA   ¡No te lo decía yo!

CASILDA   ¡Cállate que no te oiga!

PABLO   ¡Casilda!

CASILDA   ¡Pablo!

PABLO   ¿Pero te has vuelto loca? ¿Cómo me citas aquí de madrugada y el día de la boda?

CASILDA   Porque tenemos que casarnos antes, aquí, ahora mismo.

PABLO	¿Es que no puedes esperar hasta las diez?
CASILDA	(Casi llorando.) No, no puedo, ya te lo explicaré después. Tú confía en mí.
PABLO	¿Qué te pasa, por qué lloras? ¿Tiene que ver con el capitán?
CASILDA	No me hagas hablar, te lo suplico. Dime que sí. Tengo un mal presentimiento.
PABLO	Por mí vale, pero ¿cómo vamos a casarnos los dos solos?
CASILDA	No estamos solos que he traído los fundamentales.
PABLO	¿Dónde están que no los veo?
CASILDA	Ahí, detrás de esas mimbres están los testigos ¡Jacinta! ¡Pedro! ¡Salid!
JACINTA	¡Ya vamos!
PABLO	¿Pero Pedro vale como testigo?
CASILDA	Sí vale, que lo he preguntado.
	(Aparecen JACINTA y PEDRO.)
PABLO	¿Y el cura? ¿Dónde está el cura?
CASILDA	Ahí llega tu tío.

Pablo	No entiendo nada, de nada, te lo juro.
Casilda	Mejor así de momento.
Pablo	Tío ¿usted qué opina de esto?
Cura	Que os caséis y no preguntes, que ella sabe lo que hace.
Pablo	¿Y usted Jacinta, qué dice?
Jacinta	Lo mismo que Casilda y que el cura.
Pablo	Pues entonces cuanto antes.
Casilda	(*Abrazándolo.*) ¡Ay, Pablo, temí que dijeras que no, que era otro capricho mío ... Ponte aquí a un lado, rápido, y los testigos, al otro. Padre, cuando quiera, que ya estamos preparados. (Casilda *dirigiéndose a* Pablo.) Pablo, ¿quieres por esposa a Casilda, amarla y cuidarla todos los días de tu vida?
Pablo	Sí, quiero.
Cura	¿Y si tú te lo dices todo, el cura para qué sirve?
Casilda	Perdone, padre, estoy tan nerviosa.
Cura	Casilda, quieres por esposo a Pablo...

CASILDA   (*Interrumpiéndolo impaciente.*) ¡Con toda
                 mi alma!

CURA   Calla, mujer, no me interrumpas.

CASILDA   Ya me callo.

CURA   Casilda, quieres por esposo a Pablo, amar-
                 lo y cuidarlo…

CASILDA   ¡Sí, sí que quiero! Todos los días de mi vida.

CURA   ¡Será posible!

JACINTA   Aquí están los anillos.

                 (*Se ponen los anillos.*)

PEDRO
/JACINTA   ¡Que se besen, que se besen!

                 (*Se besan.* PEDRO *y* JACINTA *aplauden.*)

CURA   Yo me voy que tengo que decir misa en Co-
                 ria y venir luego a La Guardia a casaros otra
                 vez. ¡Menudo jubileo!

CASILDA   A La Guardia, no, a La Puebla.

CURA   Es verdad, se me olvidaba que ya tenéis otro
                 nombre y bien bonito que es.

PABLO   Gracias, tío.

CASILDA   Pedro, toma, un regalito, por ser testigo de
             mi boda. (PEDRO *hace un gesto de rechazo.*)
             No seas tonto, cógelo, que te lo has mere-
             cido. Por el madrugón.

JACINTA   (*Dándole la bolsa.*) Te he traído una man-
             ta, no os vayáis a enfriar que hace aquí mu-
             cho relente.

CASILDA   Estás en todo, Jacinta. No sé cómo agrade-
             cértelo.

JACINTA   ¡Calla, tonta! Dame un beso ¡Pedro, vámo-
             nos corriendo que aquí ya estamos de so-
             bra!

PEDRO   Yo me quedo un ratito a ver qué pasa.

JACINTA   No te hagas el tonto, que eres tú muy lis-
             to. ¡Anda, vamos!

CASILDA   ¡Y no se lo digas a mi madre!

JACINTA   ¡Descuida!

             (JACINTA *se lleva a* PEDRO, *que se va de mala
             gana, volviendo de vez en vez la cabeza mien-
             tras los novios se adentran enlazados en los
             mimbrales. La música acompaña a los recién
             casados en su noche de boda.*)

XXI.
Casa de Pancracio.

Sala. Por la mañana temprano. MARÍA *bebe algo caliente. Llaman a la puerta.* MARÍA *va a abrir.*

MARÍA   ¡Casilda, ya está aquí Jacinta!

JACINTA   Buenos días.

MARÍA   ¿Buenos días? ¡Dios lo quiera!

JACINTA   ¿Y por qué no va querer? Anda y no pienses en eso ¿Ha llegado ya Pancracio de Sevilla?

MARÍA   Ahí está. Poniéndose el traje de padrino.

JACINTA   ¿Y qué trae de nuevo?

MARÍA   Venía contento.

JACINTA   Pues entonces, no me digas más, es que está todo «arreglao».

MARÍA   No sé, no sé. Yo estoy que la ropa no me llega al cuerpo ¡He pasado una noche tan mala! ¡Con unas palpitaciones! ¡El corazón se me quería salir por la boca!

Jacinta	Es que no todos los días se te casa una hija.
María	Y menos en estas circunstancias ¡Ay qué desgracia, Jacinta, tener una hija tan guapa!
Jacinta	¡Qué tonterías, dices! Ya verás como todo sale bien.
María	¿Quieres tomar algo?
Jacinta	Ya desayuné. ¿Casilda se ha levantado?
María	Vistiéndose está. Una hora me costó despertarla. Dormía como un lirón.
Jacinta	Al revés que todo el mundo. La madre más nerviosa que la novia.
	(Sacando una diadema de jazmines de la bolsita.) ¿Qué te parece la diadema?
María	¡Qué jazmines más bien «ensartaos»!
Jacinta	Muy sencilla, como es ella y a juego con el vestido.
María	Le queda que ni pintado ¡Qué manos tienes, Jacinta!

(Casilda entra vestida de novia con los zapatos puestos.)

CASILDA	Ya casi estoy. Solo me queda peinarme. *(Al ver la diadema de jazmines sobre la mesa se la coloca en la cabeza.)* ¿Cómo me queda?
MARÍA	¡Cuidado, cuidado, que la estropeas!
JACINTA	Estás guapísima, y más que lo vas a estar. Siéntate. María, dame el peine y la peinadora.
CASILDA	¿Me quito el vestido, no se vaya arrugar?
JACINTA	No hace falta, levántatelo un poco.
MARÍA	*(Dándole el peine y la peinadora.)* Ten.

XXII.
Plaza. *Centro.*

> *En la plaza unas mujeres están preparando el altar para la boda. Aparece* Macabeo *seguido de* Serafín.*)*

Macabeo   ¿Es buena hora?

Serafín   La justa.

Macabeo   ¡Pues vamos para la casa!

> *(Las mujeres asoman por todas partes con cacerolas ocultas en la espalda o en las cestas. Avanzan tras ellos a cierta distancia. El* Alguacil *sigue a las mujeres.)*

XXIII.
Casa de Pancracio.

(JACINTA *peina a* CASILDA, *ajena todavía a lo que pasa fuera.*)

JACINTA   ¿Te lo peino suelto o te lo recojo?

CASILDA   Como tú quieras.

JACINTA   Por mí, recogido, que se vea bien lo bonita que eres.

MARÍA   ¿No la hará mayor?

JACINTA   ¡Qué va, si tiene cara de niña! Suelto parecerá que va a hacer la comunión.

                 (*Suenan golpes en la puerta.* MARÍA *se descompone.*)

MARÍA   (*Nerviosa.*) ¿Será el capitán? (*A oír los golpes* PANCRACIO *sale de su habitación y se queda plantado en la puerta mirando a* MARÍA *sin decir nada. Ambos están aterrados.* CASILDA *se levanta de un brinco de la silla, expectante. Vuelven a llamar más fuerte.*) ¡Ahí está!

JACINTA

No te alarmes. Voy a ver (*Entreabriendo la ventana.*) Sí, es él. Y su escudero.

MARÍA

¡Ay Dios mío! ¡Teníamos que haber suspendido la boda! ¡Si yo lo sabía! ¡Si te lo dije mil veces!

PANCRACIO

Es tarde para lamentaciones.

(*Suenan golpes insistentes de nuevo.*)

CASILDA

(*A* JACINTA.) Me voy corriendo. Jacinta, salgo por tu casa.

MARÍA

¿A dónde vas, hija mía?

CASILDA

A esconderme donde sea. No pienso esperar sentada.

MARÍA

¡Ay, dios, no sé qué es peor que te vayas o que te quedes!

(CASILDA *va corriendo hacia la parte trasera de la casa dejando caer la silla y la peinadora. Antes de llegar a la puerta, se vuelve.*)

CASILDA

Jacinta, encárgate de Pablo que vendrá ya de camino con su madre y procura que no lo vea el Capitán. Ingéniatelas como sea que tengo miedo por él.

JACINTA

Vete tranquila. Ahora mismo salgo a su encuentro.

(*Golpes y gritos del capitán.* JACINTA *sale por detrás, por el mismo sitio que salió* CASILDA. PANCRACIO *va hacia la puerta.*)

MARÍA

¿A dónde vas, Pancracio?

PANCRACIO

Voy a abrir antes de que eche la puerta abajo.

JACINTA

(*Asomando.*) ¡No abras todavía! Espera un poco. Dale tiempo a Casilda.

(*La gente se arremolina a cierta distancia de la puerta. Las mujeres protestan con las tapas de las cacerolas, el tambor suena.*)

MACABEO

(*A* SERAFÍN.) ¡Que nadie se acerque! ¡Y que cese ese ruido!

(*Cesan las cacerolas y surge un murmullo sordo.*)

SERAFÍN

(*Amenazante.*) ¡Silencio! ¡Silencio he dicho! Es una orden del capitán.

MACABEO

Tira la puerta, Serafín. (SERAFÍN *empuja la puerta. Esta cede al fin.* MACABEO *entra desaforado con la espada en alto.* PANCRACIO *y* MARÍA *se quedan petrificados.*) ¿Dónde está la novia? (*Silencio. Nadie responde. Entra y sale como un loco por las puertas. Da una patada a la silla y de un tirón, lleno de ira, arroja al suelo la diadema.*) ¡Soberbia de criatura! No se

saldrá con la suya. (*Va derecho hacia* Pancracio *amenazándolo con la punta de la espada.*)
¿Dónde está tu hija? ¡Habla o no lo cuentas!

Pancracio   Yo sé lo mismo que usted. Que estaba aquí
y que ya no está.

Serafín   (*Entrando.*) Señor, el padre no puede sa-
berlo ¿Por qué no pregunta afuera?

Macabeo   Tienes razón, Serafín. (*Apartando la espada de* Pancracio *y saliendo.*) ¿Para qué perder el tiempo? (Macabeo *sale y se dirige a
la gente en voz muy alta.*) ¿Dónde está la
novia? ¿Quién la ha visto? (*Silencio abso-
luto.*) ¡Por dónde ha huido, pregunto!

Pedro   (*Dando vueltas. A la gente.*) ¡Chitón! ¡Chitss!
¡Chitón! ¡Chitss! ¡Aquí nadie sabe «na»!

Macabeo   ¡Quitad a este hombre de mi vista! (Serafín *lo aparta de malos modos.* Pedro *chi-
lla.*) ¿Así que nadie la vio? (*Silencio.*) Da
igual. La encontraré aunque se esconda en
el centro de la tierra. Y allí mismo la haré
mía, por las malas o por las buenas, me
case o no me case con ella. Y lo grito aquí
otra vez bien alto para que me oigan.

(*Suena la trompetería real. Aparece el* Rey
*con los soldados de escolta y se dirige al cen-
tro de la plaza, al improvisado altar de la
boda a la vez que todos gritan.*)

TODOS	¡El rey! ¡El rey!
MACABEO	¡El rey! ¡Perdido estoy!
SERAFÍN	(*Para sí.*) ¡Ya se lo decía, yo, ya se lo decía yo, que esto acabaría mal!

(MACABEO y SERAFÍN *se recomponen en señal de respeto.* PANCRACIO y MARÍA *se asoman a la puerta. La gente se aparta a los lados y dejan paso al capitán que va al encuentro del* REY.)

REY	¡Acércate, Macabeo!

(MACABEO *se acerca y se arrodilla ante él.*)

MACABEO	¡Majestad!
REY	Lo que estás haciendo no es propio de un capitán ni de un conde, sino del mayor cobarde. Y has de saber que en mis leyes el derecho de pernada es un delito muy grave ¡Prendedlo y llevadlo preso a la cárcel de Triana hasta que el juez dictamine!

(*Los soldados prenden a* MACABEO. SERAFÍN *se arrodilla ante el* REY *suplicante.*)

SERAFÍN	Majestad, soy su escudero y su amigo ¿Puedo irme con él a la cárcel?
REY	Vete, si es tu libre voluntad. (SERAFÍN *hace una reverencia y corre tras* MACABEO.) ¡Eso

115

sí es fidelidad seguir a su dueño en la desgracia! ¿Dónde están los novios?

JACINTA   La novia está ahí escondida.

REY   Pues tráiganla ya. ¿Y el novio?

JACINTA   Majestad, sin culpa alguna y contra su voluntad lo encerramos en la cárcel para salvarlo del conde.

REY   ¿Y a qué esperáis para abrirla?

(*El* AGUACIL *abre la cárcel y sale* PABLO *del brazo de su madre vestida en traje de madrina. Por el lado opuesto aparece la novia del brazo del padrino,* PANCRACIO. *Trae el pelo suelto un poco alborotado.* MARÍA *trata de arreglárselo y ponerle la diadema.*)

MUJER 1.   ¡Qué guapa viene la novia!

MUJER 2.   Y el novio tampoco se queda atrás

(*Todos van hacia el* REY *y se inclinan ante él con una profunda reverencia.*)

REY   El asunto está resuelto y ya me voy que mis quehaceres me llaman. Pero os dejo como regalo boda *El Milagro de la Virgen de la Estrella* ¡Que disfrutéis de lo lindo y que Dios os guarde!

ALCALDE   ¡Viva el rey!

TODOS   ¡Viva!

(El REY *sale a la vez que llega el* CURA *vestido de ceremonia al altar. Todos se acercan. Los novios se colocan juntos y los padrinos a los lados. Suena la música de* El Milagro de la Virgen de la Estrella *que ahoga las palabras del* CURA. *Por los gestos se sigue la ceremonia. La música acaba justo cuando los novios se vuelven y se besan. Llueven pétalos de flores.)*

MUJER 1   ¡Vivan los novios!

TODOS   ¡Vivan!

(Aplausos y música de fiesta.)

Fin.

Madrid, 30 mayo, 2017

Esta primera edición de *carta Puebla*
de Concha Romero, terminó de imprimirse
en mayo de dos mil veinticuatro,
en Madrid.